傑心奇林

作者：胡陳頴安
Fiona Wu

@版權所有，不得翻印。

前言

自2007年起,有十二年多的時間,在我所屬的教會每年夏天也會前往卑詩省北部作短期宣教及舉辦暑期聖經班,直至2020年新冠疫情下才停下來。起初,教會以 Prince Rupert 為外展基地。至2014年,在神的開路下,教會得以進入原住民村落作外展工作。隨後的日子,我們能在 Kitsumkalum、Kitwanga、Gitanyow、Merritt、Lytton 等村落佈道服侍。透過這些服侍,神開啓了我們的眼睛, 讓我們更認識原住民的境況,也使我們經歷到使人和睦的福音果效。

從一個兒童短宣體驗開始,到後來服侍原住民,並得以進入原住民的村落中作服侍,每一次的旅程都帶給我們獨特的體驗。感恩的,是讓團隊能一同經歷傳福音的樂與憂,神的看顧和作為。筆者希望透過此文集,將歷年在卑詩省北部原住民區服侍的經歷作一綜合描述和反思,也藉著各行程中的點點滴滴,給予大家對原住民有更深的了解。

本書名為「傑心奇林」，是源自我們到達第一個原住民保留區的名字"Kitsumkalum"翻譯出來的。這名字也反映著團隊的心志和在原住民村山林地區服侍的美妙。

最後，本書的內容雖然是筆者個人的感受，但當中的經歷，都是全團隊員的體驗。在十二年的短宣體驗中，每年也有不同的隊伍前往各村落：包括五人小隊，或是二十人的團隊；服侍對象有兒童、成年人、社區和原住民。願這些分享回憶能帶給大家心靈的鼓舞，及愛心的增長。

胡陳穎安

Fiona Wu

目錄

彩虹之城

婚禮的啟示…………… 8

彩虹之城 ……………10

王子的眼淚…………… 12

從這地到那地…………14

與蚤共舞……………16

誰是我的鄰舍？………18

擁抱的力量……………22

歡迎到來這家…………24

E Elephant e………… 26

划槳到原住民村裡去…28

傑心奇林

鼓舞遊行……………34

不一樣的天才表演……38

在神手中的「意外」…40

全總動員……………42

超級蘑菇……………44

太多了！……………46

臭臭的或黏糊糊的……48

那殘舊的教會…………50

酋長在那裡？…………52

最美好的交換…………54

神聖的約會…………56

永記心中載…………58

一粒麥籽

走往復康之路…………62

烈火重生（上）…………64

烈火重生（下）…………68

一個溫馨的提示…………72

我們的故土 － 加拿大

溫哥華消失的河流………78

殘酷的淘汰賽…………82

原住民寄宿學校…………84

留有餘地…………86

廢去該隱的詛咒…………88

和好的契約…………92

附錄

真理與和解條約 － 九十四項行動呼籲 …98

新聞報道………………………………100

Somewhere over the Rainbow

Somewhere over the Rainbow, river runs deep
There's a town of the fish and port of seafarer crew

Somewhere over the forest, train passes through
There's the Skeena river, home of Tsimshian canoe

Some days there may be sunshine, mostly rain
Teardrops fallen from blue sky, sunk with the dream gone too

The cannery, the pulp, the mill, and new container port,
The Canadians, the First Nations, the Vietnamese and Chinese Dwell in harmony

Somewhere over the rainbow, way up North
Come ye, little children, seek and find the true North

第一章

彩虹之城

婚禮的啟示

我第一次往卑詩省北部作短期宣教那天,可說是由一個婚禮揭開序幕。在出發的當天,教會有一個婚禮進行,而部份隊員都被邀請參加。我更早已作出承諾,在他們的婚禮中領唱,因此在出發前也務必完成此項任務。就如一對新人要展開他們充滿驚喜的婚姻之旅,我們第一次的旅程也滿有著驚喜。

參加婚禮後,我們更換了旅行裝束到教會停車場集合處時,驚訝地發現那預訂好的七人客貨車(caravan),竟然換成了一輛四乘四的卡車 (4x4 truck)!卡車有前後兩排坐位,和一個闊大開篷的後備廂,可以勉強乘載六人,即是前後兩排都要坐上三人。我們全隊員有六人,也帶著很多的物資,可想而知是擠擁得很,更何況要坐上十八小時的路程!若不是剛巧有兩位女隊員身形較細小,我們都應該坐不下那車子了。車後面的後備廂是開篷的,所以只要是下著雨,所有的物資便會濕透。幸好有一組員機智地從車行取得一個很大的床墊膠套,可以把所有的物資和行李放進去,那就不懼風吹雨打了!也要感恩那些年輕的隊員沒有半句抱怨,他們興奮地跳上車去,繼而展開了我們十二天的短宣旅程和兩天的車程。

在車上，我們說說唱唱，談天說地。雖然我們都是在同一教會內認識的弟兄姊妹，但大家都來自不同的團契和背景，所以也不是十分相熟。但經過首兩天的車程，我們已能彼此有深入的分享了。駕車者疲倦時，我們大家一同唱詩歌或猜猜謎語，談笑風生。記得教會主任牧者曾經說過，雖然教會可以安排乘坐飛機，但他認為還是以陸路前行較好，因在路上那段共享時光是很寶貴的，對此我也十分認同。

回想過往的卑詩北部短宣體驗，很多難忘的片段，珍貴的回憶，不少都是在車廂內發生的：包括車子要維修、車輛碰撞、路上抱病、和各樣突發事故等等……。縱然駕駛長途車不是容易的安排，但若是可以的話，我仍會希望能以陸路前行。後來有數年的短宣旅程，更可以與其他教會團隊一同乘坐旅遊巴士同行，這不但開闊了我們社交的圈子，更使我們感受到一同作工的團隊精神。同心同行，即使前路是迷茫或路途崎嶇，我們也有身邊人共同進退，這也不正像在婚姻路上，同行帶給我們的可貴之處嗎？

感謝主，這十數年的卑詩省北部短宣之旅，都成為了我每年夏天的亮光點。有著團隊一同前行為主作見證，經歷神為我們所作的預備，以及得著傳福音的喜樂和福音的盼望。現在就讓我們去重溫這些旅程中的點點滴滴吧！

彩虹之城 Prince Rupert

「魯珀特王子港Prince Rupert在那裡?」

這是一個常被詢問的問題。很多人都將魯珀特王子港 (Prince Rupert) 和喬治王子城 (Prince George) 混淆了。若從溫哥華前往 Prince Rupert,先要行97號公路到達 Prince George,再從十六號公路沿著Skeena河流向東行約八小時車程才到達,途經很多原住民保護區 (Native Reserves),風景怡人。

Prince Rupert 是一個海港,處於溫哥華以西北770公里. 她屬於原住民領土 Tsimshian 族區域,位於 Skeena 河流口。因是雨林區,也是自然生態的繁殖地, 所以這城的捕魚業蓬勃,也是大比目魚的盛產地。因著 Prince Rupert 溫和的雨林天氣,Prince Rupert 差不多天天下著雨,所以常現彩虹。這雨水使城鎮很少遇上暴風雪,也讓深水的海港成為遊輪和鷹停宿的地方。

有人說若不是因著鐵達尼號沉船事故,Prince Rupert 便會取代今天之溫哥華。話說當時的鐵路巨頭 Charles Hays, 本計劃在 Prince Rupert 發展一個深水海港,可惜在從倫敦回加拿大時,他那已籌資好的計劃也聯同鐵達尼號遊輪一同沉下去了!

雖然此城未能發展如溫哥華般的大城市，但因此卻保留了天然的山林水秀，漁業得以保存，並供養著各原住居民的食用所需。因此，此地仍是很多原住民的聚居之處。Prince Rupert鄰近的原住民保護村，不下二十多個。此城市也慢慢發展輕工業和漁港事業。從這城的第一所罐頭廠，到後來的紙漿廠，和貨櫃碼頭的發展，Prince Rupert 可算是在卑詩省北部的一塊珍寶。

王子的眼淚

除了多些雨水和在下午偶爾會有陽光，Prince Rupert 的天氣跟溫哥華差不多。所以你很多時會看見彩虹，有時甚至是雙彩虹。除了彩虹，你也可常看到鹿兒在屋林中出現。

有說 Prince Rupert 的雨點比溫哥華大。他們城市的紀念品也是一個以玻璃製成的「魯珀特王子的眼淚」作其標記和特色，並聲稱比鑽石更堅硬。但也許那眼淚更能代表在那地消失在16公路上那些女仕們的淚水。16公路是那通往該城市必經的唯一公路，在那公路上，你會看見警告標板的顯示，叫路人不要召搭順風車，因有被**拐**掉的危險。再者，此雨淚水也代表著那些自殺輕生者的呼喊，或那些因酗酒導致而使家庭破裂的哭號。

有一次在 Prince Rupert 市，我們趁著一些空餘時間，各自組成小隊在市內走走。我的小隊步到一社區中心，發現有很多原住民在那兒聚集，我們便進內看看。原來，他們正在為一個剛輕生的女子舉行喪禮，差不多整個村落的人都來了。我們在他們的同意下進到會場中一同守望哀悼，也希望藉此了解多些原住民的文化習俗。我們一邊默禱，一邊聽著各人的分享和歌唱。坐了一會，我

們便退到會堂的走廊中。在那兒，我們看到一位女士坐在一旁，便上前問她能否為她禱告。原來，她正是那輕生者的祖母，她接受禱告後也感受到主耶穌的安慰。

聞言城內輕生者的數字頗高，在原住民區的比例中，酒癮的問題也頗嚴重。然而，在這數字的背後，還是有著醫治復和的盼望。在城內你可以找到很多教會禮堂，雖然大多已是百年歷史，但仍是開放給信徒聚會的。教會聚會人數許不多，但普遍社會對神的靈是開放的。就像彩虹提醒著我們神不會再用洪水滅大地的應許一樣，在主耶穌基督裡，我們也能得著盼望，抹走悲傷。在那彩虹的另一邊，有著天父的榮光。祂賜下比鑽石更堅壯的能力，助我們面對人生的困苦。祂給予希望，比太陽更光耀，使我們能完成世上的生命旅程。

LOCAL News

從這地到那地

一個城市各種的工業發展，會吸引不同背境的移居者到來聚居。早期的 Prince Rupert 市是一個漁港，並設有一個很大規模的罐頭廠，因此吸引了很多來自越南的難民（船民）來定居。那些船民都走過危險和生命威嚇，也有在到來加拿大之後認識主耶穌，生命得著盼望和改變。他們得著福音，也要感謝一班願意到各小城宣教的短宣團隊，不怕長途跋涉，冰天雪地，那管他們都散居在各細小的城市內，仍願駕車千里，尋找那失喪之迷羊。在市中心，你也會看到很多中式餐館，除了得到很多原住民的光顧之外，連繫著這些餐館的人物，都是歷年短宣隊所探望過，及已建立良好關係的僑胞。其中他們全都認識的，便是曾多年帶領小城宣教隊伍到訪的董根先生，他也是首次帶領我們教會認識 Prince Rupert 這地方的領隊。董先生已於2022年完成他地上的旅程、安息主懷了。

近年 Prince Rupert 也起了很多變化。城市獲批建造第二期貨櫃碼頭，新冠疫情前也是阿拉斯加遊輪的停留點。這也帶給當地市民經濟的振興，也使我們的短宣隊員有機會向不同的群體作佈道。

有一年我們安排與路過該市的水手查經,為他們舉行見證晚會,也有隊員在遊輪到訪時段,在街上演出默劇。以往大家或許有機會參加遊輪旅遊,但在公眾地方向遊輪遊客表演,則是我們的首次。 演出福音默劇,也是我們團隊的新體驗。在音樂舞步中演譯出基督福音的故事,雖沒有言語,欲投身在神的同在中,實在無聲勝有聲!除了舉辦兒童暑期聖經班,我們也向當地的中國人、越南人、和原住民作服侍。我們所盼望的,居民不只把那城作為他們的避風港,更能找著耶穌成為他們人生的避難所、生命的救贖者。

與蚤共舞

原來 Prince Rupert 有一很出名的小東西。雖然你看不見牠,但你會感受到牠們的存在。若你沒有作足夠的準備和保護,很快便會感受到牠們的利害了。 牠們就是那又名為 「那看不見的」 "No-see-um" —— 極微小的蚊。我們短宣隊第一次到達該城時,剛到步下車不到半分鐘,各隊員的手腳已給那些小東西叮了二十多口,癢得我們跳來跳去!

令我們跳扎的不只是這些看不見的小東西,在路途上曾有隊員在中途住處的旅店中發現床蚤,也曾有隊員在城內暫住的公寓遇上同一問題。參加活動的小朋友,也有告之我們他們有頭蚤的困擾。很快我們便知道,在這裡要學習與蚤共舞,或塗抹一原住民推介的拒蚊水 — Baby Johnson Lotion 是也!

有一次,一位隊員分享到,她陪同著一參加兒童聖經班的小朋友步行回家。她一方面很高興能與那孩童路上交談,另一方面她察看到孩童頭上的頭蚤,立時成了她心中對那孩童的障礙。當到達那孩童的家門,她發覺家門是開著的。隨之往門內察看,見孩

子的媽媽在沙發上睡著了,所以沒有來接孩童回家。孩童道出媽媽常是這樣,或許又是喝醉了!孩童也習慣獨自出入,家中也十分淩亂。雖然孩童邀約隊員進他家內,但隊員最終還是婉拒離開了。不過,那孩子很喜歡參與我們的活動,他也善於藝術摺紙,活動完結時,他更摺了很多很美的製成品送給我們呢!

原來,某些原令我們困擾的東西,也會因不能擺脫而成為我們生活中的一部份。我們的生命裏都像滿有蝨子的困擾,也許因為看不見,甚至已對那困擾我們的習以為常,只盼能與它共舞。對於生命中的罪,我們更對它視若無睹。我們有否想過,可以過一個脫離罪惡的生活?但又有誰能幫助我們得勝罪惡呢?感謝主耶穌,祂沒有因我們的骯髒而離棄我們,相反,主耶穌捨尊降貴,道成肉身住在我們中間,並為我們的罪釘在十字架上,救贖我們脫離那死的身心靈。多謝主耶穌對我們的接納,使我們能脫離大大小小罪的纏繞,感謝讚美主。

誰是我的鄰舍？

有一次導師們在暑期聖經班中教導「好撒瑪利亞人」的聖經故事。這聖經故事是耶穌在教導時設的一個比喻。內容描述到一撒瑪利亞人在路上遇見一位受傷的猶太人。當時撒瑪利亞種族因宗教的傳統和文化受到猶太人的歧視，被視為不潔，被輕看及受壓制，並且兩族之間沒有來往。雖然如此，這撒瑪利亞人不但幫助急救那受傷的猶太人，還自掏腰包，親自護送傷者到附近的一所旅店，租下房間讓他安心休養才離開。相反，之前曾有兩位猶太宗教人仕經過那地，但他們因宗教傳統沒有對傷者作出任何的幫助。那麼誰才是愛人如己的好鄰舍呢？

熟悉加拿大歷史的，便會明白加拿大先鋒者與原住民的複雜關係。因著過往先鋒者對原住民的欺凌和殘害，不但遺留了很多歷史和文化上的社會民生問題，也對原住民造成很多心靈上的傷害，即使生長在現今世代的原住民孩童，也仍活在這些歷史遺留下來的陰影和矛盾當中。從現今社會的目光來看，原住民族仍像是一社會包袱，遭受著成見和歧視的眼光。儘管雙方都努力修補關係和面對過錯，但在原住民和加拿大居民之間，仍有一個坑

洞，叫兩者保持距離，寧可獨善其身，得以和平共存。多年前已設立的原住民保護區 (Native Reserve)，便是在這矛盾之中的一個暫時出路。

好撒瑪利人故事中的矛盾，指向內心的掙扎多於外在的矛盾與衝突。要對那欺壓你的社群作出幫助，或要突破眼前的規範去伸出援手，那一樣的精神是值得我們不計較地持守或跨越？作為加國公民，我們或許都為過去社會對原住民所作出的傷害感到惋惜和內疚，或對他們會產生柔憐之心，也自省不要再重蹈覆轍，甚至努力為社會的不公義發聲。不過，又有多少人願意對漠不認識的原住居民作出實質的幫助和愛心關懷呢？站在另一方，如何才能使過往的傷害得到醫治釋放，為這歷史的傷痛帶來一個了結？一些加國宣教士曾分享到，白人宣教士在原住民區內服待並不容易，因著過往社會的包袱，往往很難得到原居民的信任和接納。起初帶領會友往卑詩省北部短宣時，我們也曾為彼此之間存在文化洪溝有所擔心。但後來才知道，像我們有著中華血統的團隊，不但不用背負這些歷史的包袱，更能成為他們和好的執事。因為

在加國歷史中，加國華人也曾與原住民守望相助，彼此成為大家的好鄰舍。因著種族身份原故，從前原住民不能進入加國先鋒者的餐館內進食那時，加國華人便向原居民打開門戶接待他們，兩族在患難之時互相照應。華人對他們之守望相助，到此時仍在他們的記念中。

因此，在我們短宣服侍中，並沒有遇上歷史文化上的障礙，也很快地得到原住民的接納和歡迎。為此，我要感謝從前初到加拿大的華人對原住民作出的幫助，使我們在使人和好的使命上，有著更豐厚的恩典。

Huggy Huggy Hug
(Tune: Um-huh went the little green frog)

"Um-huh" went the little grumpy boy one day
"Um-huh" went the little grumpy boy
"Um-huh" went the little grumpy boy one day
And they all went "Um Um Huh"

But...we know boys need, huggy huggy hug
Huggies huggy hug, huggy huggy hug
We know boys need, huggy huggy hug
And they won't go
"Um um huh"

"Weh weh" went the little whiny girl one day
"Weh weh" went the little whiny girl
"Weh weh" went the little whiny girl one day
And they all went " weh weh weh"

But...we know girls need, huggy huggy hug
Huggy huggy hug. Huggy huggy hug
We know girls need, huggy huggy hug
And they won't go "weh weh weh"

擁抱的力量

曾詢問一位短宣隊員，了解他在短宣兒童聖經班服侍中最懷念的時光是什麼？他想了一想，回答說：「給 Luke 一個擁抱」，和「教導孩子們認錯及互相寬恕。」

當地兒童有過度活躍或有胎兒酒精中毒綜合徵狀的比率頗高。而影響的，是孩子情緒上的問題，這叫課堂管理十分困難，孩童之間的衝突也經常發生，加上很多孩童都得不到足夠的愛護，使很多孩童都很黏人的（clingy）。 面對著坐立不定的孩童們，有時都會感到無所適從。後來我們發覺，在那些混亂的情況中，原來讓他們沉在神的同在裏，便能使之成為美好時光。我們給他們約三分鐘的臥地安靜時刻，播放著柔和的詩歌音樂，讓他們浸泡在聖靈的同在中 （soaking）。 就在這數分鐘的時間內，聖靈親自在各人的心靈作愛的擁抱，並作心靈的洗滌。不單只是孩童，對成人和隊員這也是心靈更新的時刻。而對那些鬧情緒的兒童，原來一個親切關愛的擁抱，也能使他們的心平靜下來。特別是當男隊員跟男孩童作一個肯定性的擁抱，即使一個情緒失控的小子，也會因著那關愛的肯定而軟化下來。

我們作教導和傳道的，很多時都很著重知識的分享，和能否傳達聖經的道理。課堂管理，是要讓孩子能專心的學習教授內容。若未能完成所安排的教導或活動，便會感到有點未能達標。筆者也曾是兒童牧者，十分喜愛對兒童作教導，但我也發覺要讓孩童認識福音的道理，除了認識真理外，也要傳達愛，並使能感受到什麼是寬恕和接納。這些心靈的基石，叫我們能觸摸到神的性情，與神的靈有相通和契合，也能打開我們的心，去接受那以愛為我們捨己，寬恕我們過犯的主耶穌。

擁抱，是愛的表達。愛和寬恕的力量，是心靈的堅固者，是真理的啓蒙者。神就是愛，要認識神，便要認識愛。「現在常存的有信，望，愛這三樣，其中最大的便是愛。」「愛是永存不息的。先知的講道終必過去；方言終必停止，知識終必消失。因為我們所知道的，只是一部分； 所講的道也只是一部份； 等那完全的來到，這一部分的就要過去了。」（林前13:13， 12: 8-9）

歡迎到來這家

大多數的原住民都擁有大家庭，因他們喜歡與家人和親戚們住在一起。但是，並不是大部份的父母都有良好的生活方式，或有適當的育兒技巧，使兒女們能在安全和愛護的環境下成長。使我們留意到的，是很多原住民孩童都是住在寄養家庭中。有一次，在暑期聖經班中，有一位社工到來跟一位孩童會面。見面後看到那孩子滿有悲傷，她之後也沒有再來聖經班。原來她已搬到另一寄養家庭了。

市內有一對華人夫婦，他們作了寄養家長（**foster parents**）很多年。他們看那些孩童如自己的兒女一樣。他們分享到，「有一些孩童住了一陣子便可回到自己的原生家庭中，但很多時很快便又要搬往另一寄養家庭去。」試想下那些孩童們所要經歷的一切，在這對「家」的尋尋覓覓中，會否感到失落和被離棄？我為到那華人夫婦感到自豪，因他是我認識的第一對夫婦對原住民作寄養家長的。因著他們對孩童們的接待，孕育了很多生命的成長。

寄養家長接待無家可歸的孩童，成為了他們成長的蔭庇。同時，

「接待家庭」對短宣隊的接待，也成為了團隊的服侍伙伴。 在過去往 Prince Rupert 短宣的日子，感謝主每次也得到當地教會家庭接待，並提供膳食。「彼此款待」是我在短宣之旅學習到最窩心的體會。若不是經歷過被接待的美好，我也不會願意經歷作接待家庭的美善。此外，藉著這些接待的經歷，帶給我很多美好跨文化的友誼。

教會因有著接待家庭的款待，在安排短宣隊的行程便顯得更容易。曾參與卑詩省北部短宣的成員很多，年齡由三歲至退休者不等。雖然攜帶小孩作短宣並不容易，孩子們也有著他們的柔弱時刻，但他們也帶給我們很多的喜樂。整個家庭能一同參與短宣是一很好的經歷，當成人在分享作見證時，孩子們也可以一起玩耍。最重要的，是一家人能一起經歷傳福音的喜樂。

家，是我們成長和孕育生命的地方。有著寄養父母生命的養育，孩童們能安舒地成長。家長帶同子女一同參與短宣事奉，也孕育著他們對宣教的心志，叫他們愛神愛人的心不斷增長。但願那些在寄養家庭的孩子們不單能尋找到他們在地上的家，也得以進入天上那永恆之家。

E Elephant é

有一回，有一位患有過度活躍和讀寫障礙的孩童參加了我們的暑期英語班。那孩童的集中力很短，只能專注一分鐘，便要起來跑一個圈才能坐下。對有讀寫障礙的兒童而言，要記下字母的發音和英文串字也是十分困難的。帶著少許對教導有特別需要孩童語文的技巧，我們便給孩童們作語文暑期補習。我們所運用的教學方法，是讓孩子以多元觸覺（multi-sensory）的訓練，並加上不斷的重覆學習，將音韻放在記憶中，好使他們能再運用出來。當然，有特別需要的孩童們在學習的進度上是十分緩慢的，我們也特別為他們在學習上不住禱告。我仍記憶猶新，當那一孩童終於能準確地念出"é"的發音時，所有隊員都為他歡呼，甚至興奮地跟他一同奔跑一圈。這確是他踏前的一大步，帶給那孩童和各隊員十分大的鼓舞。當然，他若要達到其他孩子的水平，則會是很長遠之路。

要那孩子長期記住每一個字母的音韻，難度就像要我們永遠記著我們服侍過孩子的名字般。

每次的短宣，我們都會努力地記下我們曾認識的家庭和孩童的名字，盡量希望來年再探望他們時不用再認識他們。當然，隨著時日的過去，孩童也已成長，不但名字已被忘記，大家的面孔也都不一樣了。

暑期班中我十分喜愛的一個環節，便是給每一個孩童作個別祝福禱告。我們按著他們的名字，及神給我們的看見和領受，祝福他們能步入神定給他們的位分。我們相信，每個人在神的眼中都是寶貴和獨一無二的。祂深愛我們每一個，也深知我們的需要、剛強和軟弱。祂看透我們的潛能，並為我們設定了生命的路向。祂不催促，也不放棄。看到我們成長時，天上的歡樂是大的，並有天使為我們打氣。雖然短宣隊會把他們忘記，但我們在天上的阿爸父，卻認識我們每一個名字和生命。祂是我們的創造者，祂陶造我們的生命，在這世代之先，我們的生命已在祂手中，天父最渴望的，是我們的名字能記在祂的生命冊上，永不除去，永不被忘記，這也是我們希望留給他們最好的禮物。

划槳到原住民村裡去

能進入原住民村作服侍一直是我們團隊的希望，因此當接待教會替我們安排以划長船到訪原住民村作文化郊遊時，我們彷如小孩子往實地考察般興奮。那年我們團隊二十多人，浩浩蕩蕩的一早便到碼頭集合，雖然此行是額外付費和旅遊性質，但能有此體驗，已是向原住民村服侍跨前一大步了。不料，在碼頭出發時，卻下起大雨來，我們差點以為行程要取消了！幸好，過了約半個小時，雨勢減弱了，我們這旅程也得以繼續展開。感謝主！

行程安排首先坐上原住民手藝製作的十二人長船上，我們共同跟著領航者鼓聲的節拍划槳，沿途也停下認識該處各種水中植物及其特性。但對第一次划長船的我們，因技術不足，用上差不多一個多小時不停地划動著才到達岸上。上了岸後，再在島上遠足了一段路程，才到達營火會進午餐，接受原住民本土茶會歡迎，之後再從原路返回岸邊，再划長船回家去，回程時太陽也已西下了。

帶著困倦的身軀回去，我們都在思想當天的經歷。剛巧那天晚上教會有見證分享會，雖然身體疲倦，我們也出席參與。聚會中有一剛信主的原住民分享他的得救見證，我們也向會眾分享，希望前往原住民保護區服待的心願。但我們知道，要進到保護區服待，需要別的機構協助方能成事，而當地的教會也沒有這方面的服待經驗。加上在過往7年的美好暑期短宣期間，我們已與當地的居民建立了很好的交情，現今要離他們而去，實在不大捨得。但感謝主，神給我們擁抱的是天國的心胸，和順服聖靈引導的心。教會的弟兄姊妹和牧者，都為我們禱告，祈求主為我們打開進入原住民保護區服待之門。

就在返回溫哥華之前一天，有一位韓國基督徒因在分享會中聽到我們對原住民服待的負擔，她便向我們介紹 Love Corps福音機構，是專向原住民村作服待的。而那機構的總部便是在溫哥華！於是，在短宣行程完結後，我們便立刻跟那機構聯絡上。原來此機構在原住民保護區服待已有很多年的經驗了，而且服待的村落正是神放在我們心中的卑詩省北部！更妙的是，雖然那機構是由

韓國的基督徒設立，參予的團體大多數都來自韓國教會，但那時他們不住向主祈求有中國教會的參與，因他們感到中國人在加拿大的歷史比韓國人更深遠，並與原住民關係良好，這在原住民服侍中更能顯效。他們便為此向神呼求，神也同時在我們心中動工，要往原住民村服侍去。我們都看到神對雙方的引領和感動，心中相信這是神給我們的印證。這樣，次年我們便轉到卑詩省北部森林中的原住民村落裡去了！

Love Corps
(Tune: I'm in the Lord's Army)

Into Reserves, Native's boundaries
Love for the families
Gospel of Calvary
Bringing God's Word
Light to the city
'Cause I'm in the Lord's army!

I'm in the Lord's army!
I'm in the Lord's army!
Into Reserves, Native's boundaries
'Cause I'm in the Lord's army

第二章 傑心奇林

舞鼓遊行

若相擊的聲音可成為優美的旋律，那麼文化的交錯也會是精心製作的馬賽克藝術。

Kitsumkalum 原住民村的服侍在一陣鼓舞聲中展開了！Love Corps 的短宣隊有一個傳統，就是每一次的服侍都會舞鼓，遊行整個村落作為開始禮。除了帶領隊員穿上韓式傳統民族服裝擊打著韓式大鼓引領外，也有原住村民和長老們擊打著他們的民族鼓隨隊遊行。相方在鼓聲的交錯下代表著彼此文化上的交流、接納和善意。一輪澎湃的鼓聲和喧嘩，就像一股熱情奔放的河水般湧流過整個村莊，告示人們有一「愛心軍團」已到來探訪了！我們短宣小隊也隨著鼓樂聲繞著村莊作一祈禱行，一方面去宣告神的靈圍繞著這村和主靈的同在，另一方面去感受一下這村的屬靈景況。祈禱行讓我們在聖靈的啓發下祝福當地社區，也讓主開我們的眼睛去感受和觀察當地民生和屬靈需要，並為主的國度畫下擴展的邊界。

回到社區中心門外，我們察覺在中心外有一倒了下來的圖騰柱，

我們都在猜想為何這圖騰柱被棄置在那地方。在沒有太多思慮的情況下，有一短宣隊員站立在柱上跨過柱跳來跳去。那時，有一當地青年看見我們在那兒跳玩著便立即警告我們，因他認為這樣的行為代表對先祖的不敬或引起先祖們的不悅。原來在大多數的原住民心目中，他們看圖騰如門牌柱或郵箱一樣，雖然他們不會敬拜它，但也不容許破壞它們或對其蔑視。藉此，我們學懂了當地人對圖騰的看法和尊敬。

基督教群體向來對圖騰的屬靈意義有著不同的意見，有些覺得圖騰柱如偶像般要不得　有些則看它們如本土的文化藝術。要明白不同文化中的信仰價值觀，便需要聖靈的啟示和從上而來的判斷力。對我們教會的短宣隊來說，舞鼓遊行是一很新鮮的體驗，也使我們感受到文化交流的親和力。但對各族傳統文化中所包含的屬靈價值觀，例如在原住民文化中對圖騰和傳統慶典習俗的看法，則要有更深的靈裡啟示才能完全了解。而我們常有的問題，便是在弄不清楚神在這方面的啟示的情況下，便跟據自己的見識來作判斷，結果不但不能有效地見證主，更因塗抹他們的文化造成更大的破壞力。

一位宣教士曾告訴我，論到信仰和文化，基督徒切忌一開始便對新接觸的文化定下判斷。我們要先讓本土的信徒明白聖經的教導，藉聖靈的啟示，了解神對他們文化傳統的看法和判斷，然後鼓勵他們順服真理，作出合神心意的回應。「因為神差他的兒子降世，不是要定人世人的罪，乃是叫世人因他得救。」（約翰福音 3: 17）盼望我們在各福音行動中，也都能成為他人在信仰真道上的鼓舞者。

The Team went Around the village
(Tune: The Bear went around the village)

The team went 'round the village
The team went 'round the village
The team went 'round the village
To see what they could see

All that they could see
All that they could see

Was the other side of the village
The other side of the village
The other side of the village
Was all that they could see

不一樣的天才表演

太耀眼的光彩，只會叫人眼花瞭亂，忘記了自己的本相。

由於初到貴境，短宣隊在沒有經驗之下，便按著舊有的思想和事工模式來作聚會安排。行程前我們安排了一項天才表演之夜，希望透過這些活動能和當地的青年有更互動的接觸。我們的隊伍為了預備有美好的演出，花了一整個下午作練習彩排，務求盡善盡美。彩排時發覺有數位青年人在門外徘徊，好像很想跟我們一起活動，但我們只管著練習，沒有怎樣理會他們。

結果當天的聚會，出席的人數只有數位，我們都很失望，於是聚會很早便完結了。但出席的青年人沒有離開，我們便利用多出來的時間跟青少年人談談心事。當一位短宣隊員分享神如何幫助她走過父母離異的經歷時，我們都感受到神的靈在我們心中運行著。很快地，大家的心都被打開了，聖靈也讓我們分享到耶穌基督的福音如何能拯救我們和帶給我們盼望與力量。在那天，有一青年信了主！後來，我們認知到那位青年便是在中心門外想跟我

們相見的其中一位！

原來我們都很容易遺忘了教會的本質，是基督的身體，並非一個機構。為福音作見證，對像是人，並不只是完成一個事工或項目。或許最能引領人認識福音，並非透過好玩的活動和吸引人的聚會，而是一個願意彼此作心靈對話的時刻。這次短宣隊雖在表演項目上是「天才」，但在屬靈的敏銳力卻是「愚拙」的。 我們太著重表現自己，本末倒置，忘記了福音本是神的大能，並且往往是透過我們的生命來彰顯主的榮耀。

耶穌曾說一個比喻，一個好牧人，有100隻羊在羊圈內，有一隻迷失了，好牧人會願意放下那99隻羊，去尋找那失去的一隻。主耶穌就是那好牧人，祂願捨去天上與父神同等的身份，取了人的形象來到世間，為要尋找地上每一個人歸屬作祂的兒女。感謝主，雖然我們都在人生的旅途中迷失了，但祂仍未曾放棄尋找我們。

在神手中的「意外」

在這時，在那地； 總有一線在相牽。

在完結 Prince Rupert 短宣的最後一年，我們離開時意外地拿走了屋主的電飯煲返回溫哥華，而隨後的一年，我們是會跟另一宣教團體往另一原住民村服侍去了。因服侍的地點將改變，我們不知道能否再探訪他們，並送回那電飯煲。雖然物主說不需要歸還，但我們最終決定於翌年短宣完畢回程時，安排回到 Prince Rupert 作探望，並送還一個全新的電飯煲給物主。相信是因我們對 Prince Rupert 仍有很深的感情，很想再回到那裡，那就當我們找個藉口再探望他們吧！那知翌年在我們上載物資預備起行時，車箱已載得滿滿了，並且可能放不下那電飯煲。我便想，不如留下那電飯煲吧！不過各個組員卻不捨不棄，經過幾番努力，最後也能把那電飯煲和所有的物資弄上了車才出發去。

雖然車輛載滿了各樣所需的用品和行李，但因大會曾通知，我們

所住的社區中心備有社區廚房可使用,所以我們除了帶備了一些刀碗碟筷外,沒有帶備什麼烹調用具前去。但當我們抵達那村落時才發現,社區廚房內的櫃門都上了鎖不能使用,而負責人正在遠遊啊!噢,沒有任何煮食用具,我們又不得離開那村落購物去(因那接載我們的車輛已往別的村落去了),這又是我們第一次到訪的村落,人生路不熟,那裡又沒有餐廳食肆,那麼這兩星期隊員如何煮食?相信大家也會想到,當然是把我們唯一帶來的新電飯煲拿出來使用了 非因這次經歷,我也不發覺電飯煲的用途是有多廣 —— 蒸,炒,煮,煲,樣樣皆能。至於電飯煲的多功能使用,實在要多得同隊大學生們的指教了!

原來,我們之前以為的意外,其實都不是意外。神一早便知道我們現今的需要,祂在一年前已為我們安排好了!感謝讚美主!

全總動員

不同的膚色,像是繽紛的色彩,擺放在一起更能顯出它的燦爛。

在 Kitsumkalum 服侍最令人難忘的,便是「文化交流」晚會。那天我們邀請了全個村的人到來享用晚膳,共有200位之多。感恩的,是有一隊膳食團隊到來協助煮餐,他們並自備了各樣煮食廚具和食材。當晚也有一來自韓國的舞蹈跆拳道表演隊,他們為大家表演韓國舞、舞鼓、和跆拳道。而我們身為中國人的短宣隊員,也演出一項中國舞。雖然我們都是餘興演出,但大家也發揮所長,以達彼此交流。當晚也有原住民擊鼓表演,韓國牧師分享使人和好的信息,聚會在彼此祝福禱告下完結。

整個晚上都充滿著愛、歡樂和溫暖。聚會要完結時,韓國牧師叫我們所有服侍團隊走到會眾中間,為他們禱告。 當時我們教會的團隊都一邊觀察,一邊效法別的隊員作禱告服侍,但心中也在

想，會眾會接受我們這班陌生人的禱告嗎？正在思想的時候，看到有韓國隊員以韓語為會眾祝福禱告，並留意到被禱告者雖然聽不明白禱告者所說的內容，但他們都被聖靈觸動著流下淚來。我便明白到代禱是與神同工，我們只管向天父爸爸傳講我們的禱告和祈求，聖靈更會作祂要作的工！於是，我們都放膽地去作禱告服侍了。那天晚上，每一個人都積極參與不同的項目，無分彼此。雖然大家都有著不同的文化背景，操不同的語言，但神的愛和聖靈將我們的心連在一起，使我們感受到像在一個大家庭之中。

超級蘑菇

> 有些人所成就的是豐功偉蹟,但更令人敬仰的,
> 是那默默耕耘,靜靜地付出的仁心者。

第一次認識到這超級蘑菇 Chaga 是在 Gitangyow 這地方。Chaga 是一種超級營養食物,有豐富的抗氧劑,並有平穩血糖和血壓的功用,是一珍貴的藥材。喜出望外地,這珍貴的蘑菇可在這村落高高聳立的樹林中找到。在那村落裡有一位韓國人經營這生意,但他的心並不只是為營商,而是藉著在那裡營商,作個福音的使者。他在那村成立了一社企,特意聘請當地原住居民作員工,並向員工分享福音。他也盼望教導村民如何營商。他的心願,是將來把生意存留給村民來營運。要成就此計劃,他便要住在那村落裡。

一般教會要安排暑期短宣隊前往原住民村落服侍,也許並不是太困難。但要長期駐守在當地,讓耶穌基督的福音去轉化各社區和

文化，則要付上很大的代價和委身。那韓國商人告訴我們，要村民學習殷勤工作是十分困難的，因很多時員工們都會因著種種的原故一走了之。不但如此，村內的生活環境，相比都市生活，也顯得頗簡陋。因此我們對那韓國商人服侍原住民的心深表欣賞。那商人不讓我們稱他為宣教士，因他認為自己只是在那裡以營商傳教（Business as Mission）而已。但他的生命，他對福音的委身，和他對原住民的厚愛都成為我們的榜樣。

太多了！

主對基甸說：「跟隨你的人過多，我不能將米甸人交在他們手中，免得以色列人向我誇大，說：是我們自己的手救了我們。」士 7:2

也許天父對我們的短宣隊也有著相同的看見。所以，在短宣隊要出發的前一天，我們被告知大會要將我們12人團隊分派為兩小隊，並與三位來自美國的成員合併，分別在 Gitanyow 及 Kitwanga 兩個姊妹村落服侍。這可把我們的陣腳打亂了。

那年在短宣籌備的過程中，我們都為到有著比往年較大的團隊感到興奮。也配合著各人的恩賜，大家分派了不同的工作，和負責帶領的項目。我們也幻想著整個團隊彼此合作，定能在服侍上更有果效。 不料，在這事出突然的情況下，我們便要將原先計劃好的安排完全抹掉，並重新分配資源和工作。我們當中有一暑期神

學生，他是第一次參與原住民短宣的服侍。他本以為可以作輔助及學習角色，誰不知因著這特別的改動，便臨時要負起作領隊責任。因著這臨時的調配，更要與未曾認識的隊員一同作服侍，我們得學習彼此順服及如何隨機應變。整個行程，我們只有順服聖靈的帶領，懇切地跪在神面前禱告，拆毀自我和人的倚靠，將整個行程交託主。但我們相信，神要這樣地調兵遣將，定有祂的理由和心意。最後，靠著主的恩典，整個短宣都順利完成，而我們每一個人，都不能誇口是靠自己的能力去完成所作的工，將榮耀全屬於我們的主！

臭臭的或黏糊糊的

分甘同味的甜蜜，寧可水洗也不清。

短宣隊被分成兩隊來到姊妹村 Gitanyow 及 Kitwanga 作服侍。我所跟從的小隊是往 Kitwanga 村的。在 Kitwanga 我們所暫住的地方，那裡沒有浴室設備，我們只能於洗手間內的洗手盆洗頭清潔。由於不能洗澡，我們都要忍受彼此的汗水和味道。過了些日子，我們想起到耶穌基督在最後晚餐中如何服侍各門徒。於是，我們便決定彼此洗頭，也彼此洗腳。在這過程中，我們切實地感受到耶穌教導以洗腳彼此服侍的道理。沒錯，我們的腳很髒，頭髮很油，體味很重，但我們得以學習謙卑地彼此服侍，這也是我們服侍村民應有的態度。那年，我們一同用飯，一同敬拜，一同傳福音，彼此服侍，充滿喜樂，真的有如活在使徒行傳2章2節裡。

後來，被分派往 Gitanyow 村落的隊員得知我們的處境，他們都盼

望能跟我們分擔憂患。他們特意安排我們在短宣結束的前一天，到他們的村落進行一次大梳洗。他們團隊得以住在一宣教士家，所以備有浴室設備。得到另一半團隊的援助和關愛，不但使我們感受到主內一家的溫暖，也為神預先安排了的支援獻上感恩。不過我們發覺，那村落的水甚是黏糊糊的。所以沐浴後，皮層上都感到黏黏的。所以，要臭臭的或黏糊糊的，大家自己選擇吧！

那殘舊的教會

先知講道終必過去，方言終必停止，唯愛是永不止息。（參閱 林前 13: 8）

在 Kitwanga 村，我們住在一所教會禮堂中，也在那禮堂內舉行兒童暑期聖經班。我們所住的禮堂，比起隔壁正在維修的「聖公會聖保祿堂」，已算較為新淨。那聖保祿教堂和在側旁的一座木建的鐘樓，已是上百年歷史的保留建築物，也是一當地旅遊景點，常常有旅遊團到來參觀。至於短宣隊，當然知道這行程的目的，是要以基督的愛服侍這社區及傳揚基督的福音，並不是來觀光導賞，不過當然我們也沒有錯過這機會，爬上那鐘樓去拍照留念！很可惜的是，那鐘樓及「聖公會聖保祿堂」後來在2021年的一場大火中被燒毀了！現在那富有特色的歷史建築物，只能留在我們的記憶中欣賞了。

就如那歷史保留的教堂需要維修一樣，我們所暫住的教堂其實也十分殘舊，可能因已沒有使用的原故。第一次到來短宣之前，短

宣隊已有心理準備要在教會大堂席地而睡，沒有洗澡設備，和水喉食水因鐵銹不能喝。但意想不到的是，那舊教堂內也住上了老鼠家族，並那唯一的雪櫃和冰箱都壞掉了！短宣的日子，我們只能靠攜帶來的雪箱和村民供應的冰來保存食物，並把長形桌子架在椅子上作為臨時淋板使用，因我們都怕晚上與「米奇老鼠」同睡呢！但感謝天父的庇守和看顧，雖然場地環境並不是最理想，但也阻卻不了小孩子們到來參加兒童聖經班。

那殘舊的教堂展示了從前曾興旺一時的基督教在原住民中的衰落。可悲的是，雖然差不多各原住民村中也有一基督教或天主教堂在其中，但那都已成為歷史建築物。歷史中加國原住民寄宿學校所帶來的殘酷和傷害，至現今在新的一代仍未能抹掉。現在要向原住民傳講基督的福音，有時就像在滿有臭污水的枯井中掘出清泉般。主耶穌啊，願祢到來醫治這地土，使大地得到復興。

酋長在那裡？

世事沒有偶然的遇上，只有上帝默默的安排。

剛來到 Kitwanga 村的第一天，下午我們在村中作禱告行。我們求神引領我們能認識到村中一個具影響力的人，如他們村的酋長，可以成為我們的「和平使者」Man of peace。曾給我們培訓的老師說過，每一個村落都會有一些對社區具影响力的領袖人物。若你能認識到他們，並得到他們對福音隊的祝福，那麼在那裡的服侍便會有效得多。那次是我們第一次來到 Kitwanga 村作服侍，也是 Love Corps 第一次派短宣隊到這村作服侍，所以我們特別期待能遇上一位和平使者，使我們能在這村被接納。

禱告行不久，有一位在踏單車的人前來跟我們打招呼。他友善地跟我們對話，解說有關舊教堂屋頂維修的事宜，並告訴我們他便是那村的酋長，現正為舊教堂屋頂更換籌募經費。我們聽到他的自我介紹都感到很興奮，並跟他相約於後天在圖騰柱下再相聚，

到時他應允會向我們誦說圖騰的故事。第二日，我們按著約定的時間來到圖騰柱下，但是等了很久也不見那酋長。當我們正耐心等待的時候，在圖騰柱對面的小屋，有幾位小孩子走出來在他們的花園前玩耍，於是　我們便逗那些小孩子傾談。不一會，有一個大人從屋中向我們行過來：

「你們找誰呢？」他問到。
「我們等待相約了這裡的酋長在這圖騰柱見面。」我們回答說：
「但等了很久他卻未來。」
「酋長？他叫什麼名字？」
我們告訴他我們所知道的。他笑一笑，跟著回答說：
「哈，每一個人都或可自稱是酋長。但若你要找這裡官方的酋長，那我便是。我叫FRED,　歡迎你們來到我們的村莊!」

最美好的交換

當你感到不足夠的時候，就是最好學習施予的時候。

有一天，短宣隊煮了一大盤意大利麵條，然後逐家拍門將食物跟村民分享，希望能向社區介紹我們的兒童聚會。在兒童聚會時，我們也供應午膳，盼望藉此能有多些彼此認識和分享的時間。雖然我們帶備的食物不多，也不知道是否有足夠的食物來作分享，因食物是短宣機構預備給我們團隊行程的所需用的。但按著聖靈的感動，我們樂意學習與人共享。然而，糧食充足與否並不是我們面對的最大困難。難倒我們的，是如何在沒有雪櫃的情況下，將各樣食物存放保鮮，而那旅行冰櫃便是我們唯一的倚靠。

過了約一星期，我們的糧庫差不多耗盡了。那時，一位祖母帶了一大條三文魚到來跟我們分享，她更教我們如何將魚煎煮和弄湯！於是我們吃了一頓豐富的三文魚宴，並有餘作未來數天的食用，她更為我們帶來了冰粒呢！她告訴我們，她的孫子在學習上遇到很大困難，但她看到我們的隊員很有耐性地教導他的孫兒，使這聖經班成為他孫兒最喜愛的暑期活動。感謝主讚美主！

另一天的黃昏時段,我們在河邊散步,有些村民正在開船網魚。這是捕三文魚季節,他們都會捕足夠的漁獲以供全年食用。當我們在河旁的石灘上流連的時候,看到有一團人圍在一處,像在煩惱些什麼,於是我們前往察看。原來,當時村長的船隻的引擎壞了,並飄流在河中。忚正在尋求協助,盡快拖回他的船隻,因若船隻已漂流到下河口便很難拖回了。整個拯救行動,可能要用上整個晚上,實在並不是容易的事。雖然我們在拯救行動上幫不上忙,但我們可以作的　便是弄煮一些飯食給村長的家人,並獻上我們的祝福和禱告。

第二天,村長到來致謝我們送上的食物和祝福。原來我們弄的咖喱飯是他們的喜愛食物啊!感謝主,經過整夜搜索,船隻終於尋回和正在維修當中。當我們離開村落時,那村長更寫了一封致謝信,歡迎我們明年再到他的村裡去呢!

神聖的約會

是上帝之手，叫我們都能成為別人的祕密天使。

有一天，那送上三文魚給我們的祖母再到來探望我們，並帶領我們小隊往一歷史文化景點——「戰地山」參觀，去感受一下當時曾作戰地的高山要嶺。遊覽完畢後，她更邀請我們到訪她的家共進下午茶。到達她家裡時，她的丈夫正在一搖椅上打蓋睡。不一會，我們察看到他的丈夫好像有點神智混亂及不清醒，像是有腦中風的徵狀。雖然我們不大肯定他的狀況是否危殆，但我們最後仍決定召救傷隊到來檢查。那年我們探望的村落是一較偏僻的村落，救傷隊需要半小時才能來到。在等候期間，我們為那丈夫禱告，嘗試跟他不斷說話使他不會睡著，並用聖經經文鼓勵他。不久，救傷隊到來，檢查後便送他上救護車，再坐約一小時半的路程往鄰近的醫院去。我們得知，當他抵達醫院時，他已經一度昏迷了。

第二天早上,那祖母託我們為她看顧孫兒,然後她前往醫院探望丈夫。對她來說,短宣隊的陪伴就如同神差來了天使般,是神為大家安排的一個神聖約會。她訴說,當日若只剩下她獨個兒看顧丈夫,她將會不知道如何作正確的決定,並且不知所措。次日,短宣隊便要離開那村落了,我們都十分記掛那對祖父母。返回溫哥華約一星期後,我們得知那祖父已經離世了。我們為到能在他離世前的短暫時間內,陪伴他及奉主的名為他禱告,感到很欣慰。那祖母是我們探訪原住民村第一個接待我們到他家裏的村民。藉著彼此的款待,我們經歷到神恩手的看顧。那次神聖的約會,叫我們感受到人間有情,並在神的時間裡,體驗萬事互相效力,叫愛神的人得益處。

永記心中載

有些事，總要放在時間錦囊中，日後拿出來細看，才能領會它的美意。

我想像若 Charles Hays 昔日欲發展 Prince Rupert 市的計劃沒有跟他一同沉船在海裡，相信現在的原住民短宣之旅便會是由 Prince Rupert 到溫哥華處。就如我們也沒想到新冠肺炎之疫的厲害一樣，我們都不能決定未來。

2019年前往 Lytton 的短宣也許是我們最難過的一年。就在短宣隊出發前兩天，我們教會的主任牧師張武偉牧師在一宗車禍中去世了。聽到這消息，整個會眾都感到傷痛和震驚。要接受如此事實，心情難過憂傷。短宣隊要在這時出發作服侍，心情也是十分忐忑。事雖如此，我們仍然尊重所約定的服侍工作，繼續前往 Lytton 村去作服侍，但也縮短了行程。帶著沉重的心，短宣隊靠著神的恩典，完成了他們的使命。那知，這也是教會前往卑詩省北部原住民短宣的最後一年了。

慕迪港頌恩堂在卑詩省北部作短宣由2007年開始,並於2020年因 Covid19 疫情停下來。我們前往 Prince Rupert 共7年,並於2014年至2019年往原住民村裡去。分別到過 Kitsumkalum、Kitwarga、Gitanyaow、Merritt、Lytton 村服侍。靠著神的恩典,在這十二年的旅程中,有很多弟兄姊妹參與。雖然我們不知道在疫情之後會否繼續此任務,但我們的心一直會記念那土地。

The Wheel on the Bus
(Tune: The wheel on the bus)

The wheels on the bus go round and round
Round and round, round and round
The wheels on the bus go round and round
All through the town

The banners of the cross go in and out
In and out, in and out
The banners of the cross go in and out
All through the tribes

The hearts of the team go up and down
Up and down, up and down
The hearts of the team go up and down
All though the trials

The mission of the church goes on and on
On and on, on and on
The mission of the church goes on and on
All through the years

第三章

一粒麥籽

走往復康之路

生命往往帶給我們不能逃避的震驚，悲傷和種種的傷痛。但安慰的，是有祢在路上同行。

於2019年，我們原定前往短宣的目的地要臨時作出更改。因此隊伍要暫別 Merritt 市，而往另一位於 Lytton 市的原住民村落 Nicomen band 去。就是在這年的短宣行程之前兩天，我們教會的主任牧師因車禍在大火中失去了生命。時至今日，每當憶起牧師的笑面，心中仍會感到絲絲的懷緬。

Lytton市位於卑詩省南部，位於兩條河流 Fraser River 及 Thompson River 的交滙處，周圍都是羣山峻嶺，也是連接南北鐵路的交界點。 Lytton 市中心的居住人口不多，約只有250位居民。但在沿市地域屬 Nlaka'pamux 部族的原住民村則有56條之多。那裡也曾是很多中國鐵路勞工的居住處，所以市中心設有一間中國歷史舘。可惜，這山水如畫的市鎮，也敵不過大自然的洗禮。2021年6月29日，是卑詩省歷年最炎熱的日子。熱浪持續一星期橫掃整個加拿大西部，Lytton市錄得破紀錄的49.6度高溫。

次日，整個 Lytton 市被一場兇猛的山火完全毀滅了。卑詩省市民都為此感到震驚和悲哀，市民所能作的，是給予各種物資援助。感謝主，有很多社區團體都起來出一分力，也為此禱告，為幫助災民共渡困難。

我們或都曾感受過突婯災難所帶來的殘忍、失去所愛的痛楚。我們知道，要走往復康之路，也不是容易的事。無論是親人離世，或喪失家園，也需要時間才能得到心靈的醫治。雖然大家都面對著不同的處境，但我們都是行在復康路上的同路人。唯盼那賜人安慰及力量的主，替各人修補心中的傷痕。「願我們的主耶穌基督自己，和那愛我們，開恩把永遠的安慰和美好的盼望賜給我們的父　神，　安慰你們的心，並且在一切善行善言上，堅定你們。」 帖後 2: 16 –17

烈火重生 （上）

曾說到，孩子的出生便是母難。或許我們都當偶爾思念前人所付上的代價。

又是火的驚嚇，叫我再一次哀哭起來。

2021年7月1日加拿大國慶日的晚上，即 Lytton 市大火的翌日，我正在瀏覽臉書，也按加拿大政府的呼籲，在那天特別思念加國原住民的歷史。約一個月多之前，數間加拿大前原住民校園地段發現「沒有標記的墳墓」（unmarked graveyard），為數之多令人驚訝。這事也再次揭發加國對原住民傷害的黑暗歷史，國民及政府都為此事深表哀悼，也有原住居民感到憤怒，對教會建築物作出破壞。那天我心情也比往年顯得沉重，加上疫情仍在，沒有出外慶祝，也沒有歡呼聲。就在心中為此思念之時，看到一臉書朋友正在直播他居住的 Kitwanga 原住民村的現場實況。原來他們正在努力地撲滅火焰，因村內的地標 「聖公會聖保祿堂」被燃燒起來！側旁的鐘樓和較新的禮堂也冒著煙火，處處四面火光。村民

都紛紛加入救火團隊，整個村落都緊張起來。我在視像中看著我們曾遠道而往作宣教的服侍點被圍繞在火圈中，口沒能發聲，眼淚速速滴下！心中呼喚著阿爸天父，祈求能盡快撲熄火種。

那時心中即時發出多個問號：原住民是否很惱怒基督教及教會？短宣隊數年曾在那裡服侍，雖然得到他們的接納，但村中仍未有恆常的教會聚會。現在教會也要燒掉了，加上這幾年新冠疫情的影响下，已停止派往短宣隊到他們中間，福音工作是否也斷沒了？過往在那地的福音工作和服侍，是否只是草木禾稭？天父是否也對教會很憤怒，所以用火來教訓地上的人？

在短短的30分鐘，看到由村民志願組成的救火隊努力地撲熄火源。最後，大火終於熄滅了，整間歷史教堂也變為灰燼，側旁的聚會處也被毀壞。直播完了，我目瞪口呆，無語問蒼天……

烈火重生 （下）

要經歷重生，先要願意死去。

「耶和華說：「我的意念不是你們的意念，你們的道路也不是我的道路。天怎樣高過地，我的道路也怎樣高過你們的道路，我的意念也怎樣高過你們的意念。」 以賽亞書55: 8-9節。

我所參與的教會前往 Prince Rupert 及原住民保留村服侍有12 年的時間。其間神讓教會看到原住民福音的需要，明白他們文化歷史的衝擊，因而孜孜不倦地透過暑期服侍向當地居民傳講天國的福音。在那些年日中，雖有領人歸主，但本地教會群體仍未能被建立，最後因著新冠疫情也停了下來。加上種種的天災人禍，似乎在那裡的福音工作要暫時劃上句號。接著歷史新聞的揭發，令廣泛原住民對基督教過往所造成的傷害再次被挑動起來。人的工作被限制，人心被捆鎖，那麼神如何能使之死灰復燃呢？

看完朋友的臉書直播，我仍望著電腦呆坐著。不一會，看到朋友們的更新網告，登了一些火災相片，並且很多村民都表示為到教

堂被火燒感到悲傷，也強調這教堂與原住民寄宿學校 (Residential School) 是無關連的。這教堂是由村民協助而建成的啊！在流覽網頁時，看到其中一張照片，是撲熄火後，消防義工隊在古教會原址的地灰上圍著圈低頭禱告。忽然，我的眼睛翈了，神讓我看到另一張圖畫 ── 十字架在他們當中被豎立起來！雖然古教堂被大火摧毀了，但神卻使一字架重新地在那裡豎立著！隨即，有村民在網上說到在火場中他們看到異景：在被火燒的教堂上空，他們看到耶穌和天使！他們看到的，是那無罪的擔當著世人的罪，使世人能從罪中被救贖遮來的耶穌基督！

原來，大火非但沒有燒毀了他們對耶穌的信仰，反之，因著這次火災，掀起很多居民對昔日年輕時在那古老教堂聚會敬拜的思念。他們想起當年他們父母如何共同建築這教堂，並將教堂遺留給他們。如今，古教堂雖燒掉了，旅遊景點的古鐘樓也毀壞了。鄰旁較新的禮堂雖受損毀，但維修後仍可作聚會處。於是，他們便即時發起了每主日的午間敬拜，在一居民的後園內設有音樂敬拜聚會，並收集奉獻來維修禮堂作為聚會之所。三個月之後，教堂得以修好。那遺忘已久的教堂，現在可以重新再作使用了。就這樣，聖靈的火在那村中被燃點起來！十字架的光輝，也重新閃耀了！

約翰福音 12：24

我實實在在的告訴你們，一粒麥子不落在地裡死了，仍舊是一粒，若是死了，就結出許多子粒來。

一個溫馨的提示

很多人都可找到機會，但並非人人都懂得抓緊機會。

我們最後數年的短宣服侍位於卑詩省的 Kitwanga，Merritt 及 Lytton 市。令我意想不到的，是這三個地點都受著火和水的洗禮。Lytton 市山火後不久，Merritt 市也被洪水淹沒了。這兩個市鎮，不單是原住民聚居之地，也曾是早期定居者所住之處，城中附有很多加國初期歷史的印記。過去洪水和火災對卑詩省土地的洗滌和煉淨，彷彿是要將省內對初期定居者和原住民相交的黑暗歷史也一一抹掉。就像挪亞時代的洪水，神的震怒在祂公義的審判下得到滿足。神的心意得到滿足，人才能活在祂的恩寵中。雖然現今社會或會對前人所犯的過錯作出譴責，並興起社區運動來指證錯誤的行為，但人的怒氣不能成就神的義，只尋求人的道歉也得不到神的寬恕。若非有祭物的獻上，罪不得赦免。

那年風雨的侵襲，也使一駁船擱淺於温哥華市海岸。駁船停泊在岸邊多月，那地點也被稱為「駁船小休沙灘」 Barge Chilling

Beach，也成為一時的旅遊打卡點。說起來，那駁船上的貨櫃箱，形狀彷如聖經中的挪亞方舟。儘管風吹浪起撲在駁船上，那駁船仍屹立作中流砥柱。與此同時，在洪水蓋過 Merritt 市及 Abbotsford 市的數星期前，大溫哥華也曾一度出現難得一見的全雙彩虹。當下的黃昏，雖然只出現約半個小時，但那彩虹之大和榮美，叫人嘆為觀止。跟很多市民一樣，我也即時拿出手機來拍照留下這奇特影像。

那天溫哥華高空掛起的七色彩虹，就像神給溫市居民的一個溫馨提示：人的罪會惹起神公義的審判，若不回轉，神的憤怒便會臨到我們當中。昔日因著世人的過犯和罪惡，和他們不願悔改的心，惹起了神的憤怒，向世人施行祂公義的審判。神使洪水淹沒全地，下了整整四十天大雨。山洪暴發，水蓋遮天，除了挪亞一家因躲在方舟之內沒有被毀滅，整個地球都被洪水淹沒了。洪水退去之後，挪亞一家走出方舟，築壇向神獻祭敬拜。神便與地立了彩虹之約，以彩虹為證，應許再不會以洪水毀滅大地。

是神的恩典，讓挪亞一家因信靠神得以進入方舟，不被洪水淹沒。現今神也為世人備有救贖之門，叫我們能因信靠主耶穌基督在十字架上的捨身及復活得救。在神的審判之中，仍存留恩典，但我們需要悔改！今天或許我們能避過地上水火之災，但當神再來地上審判萬國時，我們能否逃脫神的憤怒呢？到時雖沒有洪水的淹沒，但卻有不滅的火！但願你也能進到神所預備的方舟之內，得著那永恆的救贖！

Blessing Canada
(A poem)

Behold, my friend
Let no virus steer you away from the heavenly grace
Each of us has come thus far
Sojourners on the move upon a star
Since Adam the land was given the blessing of the promised seed
In love for the world to hold and to receive
Neither life nor death can separate us from its root
Go now Canada embrace the beauty of this truth

Come home, my love
A time to stand on guard
Not of the things beneath but those above
Adorn this nation, from truth do not depart
Dominion from North to South, from sea to sea
Arise, O Canada, be strong and glorious and free

第四章

我們的故土加拿大

温哥華消失的河流

偷偷地取來的冠冕，猶如隨之把它掉在河裡去。

你知道「加拿大」這名字是從何而來嗎？「加拿大」是取自一原住民語 "Kanata" 而命名的，意指村落或定居處。在從英、法、美來的定居者之先，原住民已在這土地裡住上好些日子了。此地的河流，溪澗，樹林草木，水中之魚和地上的走獸，便是原住民日用飲食的生命之源。而穿插於各樹叢之間的，是那無數的河流溪澗。可惜，當城市不斷發展，昔日那天然環境，已成為石屎森林了。昔日溫哥華市川流不息的河水，也黯然地消失於都市的喧嘩聲中。

你是否想過，為何大溫市的城市規劃，不以 Main Street 為東西的分界線，而是這主要街道旁的 Ontario Street？原來在早期的城市發展時，Main Street 仍是市中一條重要主要的溪流，是三文魚和水中生物的林蔭大道！人們名這溪為 Brewery Creek Ravine，因那裡曾是一溝壑，水像瀑布般從溪邊流下。水源充足，所以當時很多啤酒廠設在這溪邊。後來當城市不斷發展，也配合著人類

的工業改革，有大堆的鋼鐵廢物被拋倒在溪河中。慢慢地，溪中的魚類和生物也沒有了，就不如乾脆地把溪填了，用作車路使用吧！人們也可免卻渡溪過河之麻煩了！

說起道路，有一更有趣的地方，是溫哥華市中心一帶的道路命名。你有否發覺，很多南北向的街道，都是按加拿大各省份而命名的，如 Ontario Street, Columbia Street, Montreal Street 等。為何這樣呢？　原因是當時得令的卑詩省原住民事務部BC Superintendent of Indian Affair 部長 Israel Wood Powell， 是一位商人和醫生，他得到很多溫哥華土地的物業權。他是使卑詩省加入加拿大國的推動者，也是提倡及推動原住民寄宿學校和保留區的始創人。於1888年，他給其擁有的「快樂山區」Mount Pleasant　地段的街道以加拿大各省份命名，這就好像將整個加拿大的地圖都刻在他的二地裏。而在正中間的000　號街段，便是 Ontario Street，並以這街道將城市分為東西界號線　。000號也是 Powell 街的起點。 有這樣的規劃，除了因為 Ontario 是加拿大國土中間的省份，也因為這是 Powell 出生的省份。因此，若你曾到

位於 2412 Main Street 三角形建築物內的一間藝術店門鏡看看，你或會找到一張海報，上面印有快樂山區加拿大街道的地圖，也寫上字句 " Canada is... in my backyard" 「加拿大是在我的後園」。此建築物所在處也是「快樂山區」的 「文化遺產心臟」Heritage's Heart。

能獵取土地主權，為自己的土地劃上界線，並在地上留下自己的名字和遺產，彷彿都是世人所追求的目標。現今以資本主義發展的城市，不都是建基在資產擁有權的信念上嗎？加拿大雖不算是寸金尺土，但自從帶著殖民主義的早期移居者在探索加拿大領土後，逆權侵佔地把它據為己有，從前原住居民們共享的山林溪水，也無奈地成為城市私有化的犧牲品了！

Main Street Ravine B.C. Archives.

Source: Mount Pleasant Heritage Group: Street Names

殘酷的淘汰賽

很多人或以榜上有名為傲,但一息間的絢麗並不是永恆的。

2022年,溫哥華島大學Qathet地域的校社改名為tiwšɛmawtxw,以取代從前的 Powell River 校區。新名字的意思是指「學習的居所」House of Learning。除此之外,也在商討應否將該城市的名稱 Powell River 也作更改。原因是當地原住民對以 Israel Powell 先生之名來作城市名稱感到不悅,因為 Powell 先生就是那推動成立原住民寄宿學校 Residential School 的提倡者,他也是當時的原住民事務部主管 Superintendent of Indian Affair.

Powell 畢業於滿地可 McGill 大學,也是加拿大第一總理 John A Macdonald 的同窗好友,他對高等教育的理念盡顯在他從政的生涯中。Powell在從政的初期,便極力提倡要在溫哥華建立第一所大學。當卑詩省大學仍在籌建時,他已被選為該大學的校長。但更落實地實踐出他的「優質」教育理念,莫過於他提倡以教育來促進人類文明的理念。基於他對原住民文明化的看法,是要除去

原住民特色的文化，宗教禮習，教育及政府架構，以歐洲基督教的意念來替代（…to 'civilize' meant to remove Indigenous culture, religious practices, education and government structures, and replace them with Euro-Christian ones.），他推行了原住民寄宿學校。他一度認為此教育政策要達到效果，便要給他們一個身份的洗禮，讓原住民兒童遠離他們的原生家庭，浸淫在新文化的薰陶之中，使之成為一個「對社會有用的會員」"A useful member of the society"。那知這些寄宿學校，竟成為虐待和暴力的聚居處，也摧毀了無辜的一代！

學習的目標，是叫個人成長，在各方面更完備。但當學習與文明掛鉤，加上排除異己的自我價值觀，便造成各種的優越主義。 昔日原住民的際遇，在今天文明社會的發展進程中豈不是也有類同之處？若沒有足夠的學歷，便會被社會淘汰。認識一些有自閉症或讀寫障礙的人仕，他們的學習方式或生活行為跟一般人不同，也許他們都要像困在「魷魚遊戲」之戰場中，不知何時才能存留下來？

原住民寄宿學校

第一間原住民寄宿學校於1831年在 Ontario 省的 Brantford 市內開辦。跟據歷史證據,住在學校的兒童都沒有得到應有的照顧,及營養不良。很多兒童都飽受虐待之苦。據統計,當年共有150,000兒童住入寄宿學校,至少有3200兒童在學中死亡。在2021年5月中,在 Kamloops 市寄宿學校校址內發現有215個沒有名字的墳墓。之後也繼續有校園墳墓被發現。相信還有更多的消失兒童等待我們去尋找他們。

Kamloops Indian Residential School – Tk'emlúps te Secwépemc First Nation

北美感恩節的來由

加拿大和美國的感恩節的重視程度可與聖誕節相比。此節日的來源,跟原住居民也是息息相關的。17世紀初,一批英國的清教徒為逃避災害,登上"五月花"號船前往「新大陸」美洲。第一個冬天,由於新鮮蔬果缺乏和壞血病流行,加上饑寒交迫,只有極少船民能生存下來。後來得到當地 Wampanoag 地域的原住民的幫助,分享當地的食物,教導他們種植玉米,南瓜,和飼養火雞。在原住民的幫劻下,新移居者開始適應這片地土的生活。一年後的秋天,他們終於有所收成。於是他們便把豐收的日子作為感恩節期,並邀請原住民一起慶祝。這便是美國最礽感恩節的來由。至於加拿大,感恩節於1879年正式成為國家節日,並有些從美國移居加拿大的市民,將美國的感恩節習俗都一併帶過來。

留有餘地

做人若懂得留有餘地，也許能為自己劃出一個未來。

雖然 Israel Powell 推動的很多原住民政策在現今的價值觀來看都不是崇高的理念，甚至是帶來極大負面後果的嚴重失誤，但並非所有政策都是毫無益處。在鑲接本土和異文化的融合中，Powell 對原住民的地和水權（land and water rights）有著較同情和親原住民的取向。因而，他極力希望一些地土歸給原住居民，最後設立了原住民保留區（Native Reserves），使他們仍有自屬的領土。雖然他們所屬的範圍相比外來者所佔領的實屬少之又少，但昔日若沒有為此權益爭取，今天可能整個原住民文化也已消失得無影無縱了。

現今世代對天然環境的破壞甚表關注，各國政府也推動零碳 Carbon Zero 目標。如何達致這水平，很多時都是望梅止渴，欲速不達。但若你想在加拿大找到這些世外桃源，你可往一些較偏遠

的原住民村內走走,你會發覺,那裡空氣清新,天然的環境默默地養育著地上的孩兒。文明化沒有帶走那天然的珍寶,簡樸的生活仍顯出生命的可貴。或許有一天,當社會文明走到盡頭時,我們都得回到像從前英國移居者初到貴境的景況: 遇上第一個嚴峻的寒冬,農作物失收,眾人生命危在旦夕。唯靠原居民慷慨的幫助,教導我們天然種植和飼養的智慧,使我們能開拓新的未來。

廢去該隱的詛咒

若要從新開始，便先要面對過去的失敗。

處於溫哥華市的奧本海默公園（Oppenheimer Park）及市中心東部鄰近的社區，從前是不少原住民及日裔加國居民聚居的地方。可是，由於種族歧視在該區引起各種驅逐、流血及不公正事件，令到公園常成為一個緊張對峙的焦點。有一班無家可歸者曾在公園內搭建了一個「帳幕之城」，去面對人生很多的無奈。

2019年的聖誕節，我和一些基督徒到公園報佳音。目睹那裡惡劣的居住環境，我們都誠心禱告，求主讓這些無家可歸的人，有一天可以在公園以外，找到一個安全和永久的居所。我們為他們祈求禱告的時候，神藉該隱與亞伯的故事感召我們（參創世記4章），叫我們奉主耶穌的名，承認我們流無辜人的血及單求自己的義的罪，好讓這地「該隱的詛咒」，能從營地中被廢去。

說到這地的詛咒，首先要回到1938年的父親節。這日也被歷史稱為「血腥星期日」Bloody Sunday，因這天公園發生了令人心碎的暴動和示威。

加拿大1930年開始進入大蕭條 The Great Depression，很多勞工都面對失業及糧食短缺。當時社會沒有綜援制度或失業保險，政府因而設立了一「救濟營」Relief Camp，讓失業勞工在那裡有工作，食物及住宿的支援。但勞工營環境相當惡劣，工資也十分皮毛。 於是，在1935年，便有1500 工人進行罷工行動，期望能改善工作環境。但雙方談判非但無效，省政府更切斷對「救濟營」的資助，因此那些勞工營都要停辦下來。為此，令更多工人相約前往溫哥華市中心的三座大樓進行示威抗議。可惜，此行動卻換來警務人員以武力鎮壓。此消息一傳開去，即日下午便有10,000名市民集合到 Oppenheimer Park 共同示威。當時的新聞便稱之為 「血腥星期日」。

除著時間消逝，那地區的無家可歸人口也日漸增多。1990年起，當地吸毒和愛滋病問題常困擾著這社群。於1997年，人們在公園內豎立起1000個十字架，記念在這片「殺戮戰場」裡，因服用過量藥物而死的人。並於2017 年，再次有2224條支干豎插在此地上，去記念BC省每一個在過往三年內因服食過量藥物而身亡的市民。

第二次世界大戰之時，這個曾經是著名日裔加國公民「朝日」棒球隊練習場的社區公園，也因為眾多日裔加國公民被囚禁於 「拘禁營」 而人跡罕見。對以上種種的流血事件，我們宣認耶穌寶血的大能高於亞伯的鮮血，能遮蓋種種過去得罪神的事。

2014年，一群無家可歸者開始聚集於此公園，並在那裡搭帳棚居住，因此這地被稱為 「帳幕之城」 Tent City。溫哥華市政府一直冀望為這些無家可歸者提供另一個休憩及住宿的地方，但卻不是輕易能成就的事。 經過數年的商討，仍未有突破性的進展。在2019年的聖誕節期，我們切實地為這地區禱告，為政府求智慧，為無家可歸者求出路。次年，新冠流感越過加拿大，令整個社區都發抖起來，但卻給遷移行動推了一把。因疫情大流行的緣故，政府要採取迅速應變的措施，五月份便能安排住在帳幕城中的無家者遷移到新的住所。我們看到神的參謀成事，都感到歡喜快樂。並憑信心宣認一個嶄新的「塞特世代」（創世記 4: 25），將要臨到這個社羣。

** 從1942 –1949 三世界第二次大戰之時有超過22,000 位加藉日本人被放逐送到 「拘禁營」。直至1949年四月一日才得回居住自由權，43年後，加拿大總理 Brian Mulroney 代表加國承認過錯，及向受害家屬作出賠償。

The 1938 「血腥星期日」 Bloody Sunday 在 Oppenheimer Park 公園的抗議。E.C. ARCHIVES

和好的條約

需要兩個人才能作好朋友。同樣,需要雙方的願意才能達至真正的和好。

2007年,加拿大簽訂 「真理與和解條約」,希望能給那些直接或間接受到原住民寄宿學校影响的人,提供了分享他們的故事和經歷的機會。於2007至2015年間,加拿大政府聆聽超過6500位見證人,並在全國省份推動公民教育,包括教導原住民寄宿學校的歷史。在過往的十多年中,加拿大和原住民交往的黑暗歷史也漸漸地被披露出來。2015年接納報告後,政府也提出94項呼籲採取行動 Call to Actions 來達致和解。並於每年9月30日定為 「真理與和解國家日」National Day for Truth and Reconciliation ,去記念那些不能回家,倖存者及其家人和原住民社區,也以 「橙色恤衫日」Orange Shirt Day 來作記念行動。

真相大白,的確叫人不能再推諉曾所作的。但是否能達至和解,

就好像觀看電視劇一樣，一集一集的劇情演變，結局是未可知的。有一則新聞，說到一學校在教導學生原住民加國歷史及「真理與和解國家日」時，給學生們弄了一手作活動，是一印弟安人特色的頭帶，上面寫上"Every Child Matters"之字句。但當一些原住民看到學生們都戴上這些頭帶走出校園時，卻引來他們的反感，並向學校投訴這教學活動的不是。有時，我們以為的好事，在別人眼中卻可能是壞事。想修補其過，卻弄巧反拙！

正如「真理與和解條約」中的五項指引原則的提要中指出，要達到和好，便要有政治的志願，聯合的領導，信任的建立，問責的制度，和公開的透明度，並需有大量投放的資源（Reconciliation requires political will, joint leadership, trust-building, accountability, and transparency, as well as a substantial investment of resources）。要達到各行動目的，需要相當的時間。奈何一失足成千古恨，再回頭已過百年身。要修補其過，談何容易？

此時，我要感謝上主對人類過犯的救贖。

神憑著愛創造了人類和萬物，叫萬物都歸在祂掌管之下。神與人立約，以永遠的愛愛世人，願作世人的父。但人類自始祖開始便犯罪叛逆神，帶來了人類的肉體和靈魂的死亡，與神隔絕。多年以來，人類都盼望藉不同的功蹟和信念，以得到神的寬恕及和解，去修補自己所犯的過錯，不但欲速不達，也弄巧反拙。若不是神藉愛子耶穌基督與世人以基督的血立了新約，使世人能因信靠耶穌在十字架上的釘死代贖，得以進回祂的契約裡，我們便仍活在過犯罪惡之中，無法成為神的兒女。要進入與神和好的盟約裡，不憑己的努力和付出，唯靠上主全備的救恩。更不用怕達不到標，或付不上毀約的賠償。只要憑一顆願意信靠的心，去接受那以無罪代有罪的耶穌基督為救主，那你便能活在神永遠的愛裡。這是多蒙福的恩典！但願世人都能進到與神永遠的真理及和解的契約之中。阿們！

Bumpy Road to Rupert Town
(Tune: A Smooth Road)

A smooth road to Rupert town
A smooth road to Rupert town
The road goes up and the road goes down
A smooth road to Rupert town

But.. by and by we came to Cache Creek
Off the road, to Highway 10
A bumpy road to Rupert town

A bumpy road to Rupert Town
A bumpy road to Rupert Town
The road goes North and the road goes east
A bumpy road to Rupert Town

But.. by and by we came to Prince George
There we turned, to Hwy 16
A rough road to Rupert town

A rough road to Rupert town
A rough road to Rupert town
The road of trees, the Hwy of tears
A rough road to Rupert town

附錄

真理與和解條約
九十四項行動呼籲

詳情參閱：www.nctr.ca ,

中文https://crrs.org/calls_to_action_chinese/

「94項行動呼籲」由原住民帶領的「真相與和解委員會」推出，呼籲所有加拿大人都參與和解。網址上的中文版由加拿大文化更新研究中心翻譯。

「94項行動呼籲」大綱

#１－５　　：　　兒童福利

#６－12　　：　　教育

#13－17　：　　語言和文化

#18－24　：　　健康醫療

#25－42　：　　公義

#43－44　：　　加拿大政府和聯合原住民權利宣言

#45－47　：　　皇家公告及和解盟約

#48 － 49　：和解協議締約方和聯合國原住民權利宣言

#50 － 52　：在法律系統給原住民有平等機會

#53 － 56　：全國和解委員會

#57　　　　：公務員的專業發展和培訓

#58 － 61　：教會道歉與和解

#62 － 65　：教育與和解

#66　　　　：青年項目

#67 － 70　：博物館和檔案館

#71 – 76　：失踪兒童和埋葬資料

#77 － 78　：國家真相與和解中心

#79 － 83　：紀念

#84 － 86　：媒體與和解

#87 － 91　：運動與和解

#92　　　　：業務與和解

#93 － 94　：加拿大新移民

PRINCE RUPERT NORTHERN VIEW

(當地新聞報章)

2011年8月31日

中文翻譯：Lillian Wu

基石教會暑期聖經學習結束
暑期聖經學校孩子星期五演出

- Martina Perry
- 2011年8月27日下午三時
- 新聞報導

過去五年來，慕迪港門諾弟兄會頌恩堂的會眾都會北上到 Prince Rupert，通過暑期聖經學校，幫助教導當地兒童信仰的事情，這是一個愉快的、教導孩童認識神的一週課程。

「我們來這裏是教導兒童認識神。」慕迪港門諾弟兄會頌恩堂兒

童事工的負責人 Fiona Wu 說。「我們（和孩子）一起做很多事情，好像唱歌、做手工、講聖經故事和通過遊戲讓他們認識我們所信奉的神和聖經。」

Prince Rupert 的暑期聖經學校始於五年前，當時慕迪港頌恩堂的資深傳道在喬治王子市（Prince George）和聖約翰堡（Fort St. John）之間的小社區探訪，在 Prince Rupert 的時候，聯絡了當地的姊妹教會「基石門諾弟兄會」，並建議舉辦暑期聖經學校，給住在 Prince Rupert 的孩子提供課程。

自此，參加這每年一度暑期聖經學校的人數都在增加，今年約有 45 個幼童參與這課程。今年這個為期一周的聖經暑期班的主題是 "Son Surf Beach Bash"，課堂的主題融合了海灘和與神衝浪。

「我們希望孩子們玩得開心和彼此相處融洽，能夠多認識神，並選擇成為神期望的人、相互祝福、也造福社會。」Wu 評論並補充說：「我們不單止服務教會，我們也服務整個社區。」

課程在 8 月 26 日星期五結束，在基石教會舉行了一個以海灘為主題的結業儀式。慶祝會上孩子們給父母或監護人演唱宗教歌曲，一齊享用了美味的衝浪板蛋糕。

鳴謝

慕迪港頌恩堂
Love Corps Missions Society
Cornerstone MB Church, Prince Rupert
Kitwanga Band Reserve
加拿大中華文化更新協會

Milk and Honey Story Cafe

!Coming Soon!

The Noise Next Door English, Swahili

Words by Fiona Wu Pictures by Kristen Chow

A new neighbor has moved in! Jenny was excited as well as being anxious. Who are they? Their new neighbors have had many visitors every day since they moved in. Tunes and sounds kept coming from the other side that has gradually become annoying. Jenny longed to meet with her new neighbors, and to unveil the mysterious curtain inside their house. It was not until one day; her family was invited to their new neighbor's home for a tea party! There she met Vivy, and Jenny's eyes were drawn to the beautiful object in their living room......

出版兒童書籍

By the Skeena River　　　　　　Age 6 - 10
ISBN 9798528505572　　　　　　English

Come join Milk and Honey for a tour to Prince Rupert and the Native Reserves in Northern B.C. Find out about the fond memories of them spending their summers with the children among the First Nations.

A Crib for a Baby 一張嬰兒床　　Age 6 - 10
ISBN: 9798813996078/ 9781777354039
English, Dari, Farsi, Chinese

This New Year's Eve Coleman had some new friends from a faraway land to stay over at their place. As the family was busy preparing their home for the visit, they realized that they needed a baby crib for the new born baby. But time was running out! Were they able to find a bed in time for the baby? Come meet Coleman and Rabia. Listen to their stories of meeting new friends from another culture, and what it's like to grow up in Afghanistan.

Amazon.ca 網址有售

Black Bean Brownies　　　　Age 6 - 10
ISBN: 9781777354008　　　　English, Arabic

This story is inpsired by the real life experience of a refugee girl newly arrived in Canada. It depicts the struggles of one's desire to adapt to an enviornment that is culturally and physically new, as well as the joy of making new friends and being accepted into

When MIlk Meets Honey 當鮮奶遇上蜜糖
ISBN: 9781777354015　　　　　Age 3-6
English, Arabic, Kurdish, Spanish, Russian, Chinese

This story tells of two different characters, Milk and Honey, becoming friends with each other. Together they dream about their future, and given the opportunity, they pursue their dreams together.

©All Rights Reserved
Text copyright ©2023 by Fiona Wu. No part of this publication may be reproduced or transmitted in any form or by any means -- graphic, electronic, digital, or mechanical, including photocopying, recording, taping or information storage and retrieval systems-- without written permission from the author.

www.ingramcontent.com/pod-product-compliance
Lightning Source LLC
Chambersburg PA
CBHW042117100526
44587CB00025B/4098